사랑

방정식

관계를 원활하게 만드는 태도의 힘

사랑 방정식

정병태 지음

'제1의 사랑의 언어' 배우기
성공적인 관계의 법칙을 말하다

한덤북스

지금 당장 행복해지는 법

우리는 더 잘 살기 위해 많은 것을 배웁니다.

그런데 공부하는 법, 일 잘하는 법, 돈 버는 법은 배우면서도 정작 사람을 사랑하는 법, 관계를 지키는 법은 배우지 못한 채 살아갑니다.

그래서일지도 모릅니다.

성공했는데도 외롭고, 함께 있는데도 마음은 멀고,

사랑하는데도 자꾸 상처를 주고받는 이유가.

이 책은 단 하나의 질문에서 출발합니다.

"사람은 무엇으로 행복해지는가?"

오랜 연구들은 한결같이 말합니다.

행복을 결정하는 가장 중요한 요소는 돈도, 지위도, 능력도 아닌 '좋은 인간관계'라고.

저는 오랜 시간 사랑학과 행복학을 연구하고 강의하며 수많은 사람을 만나왔습니다. 그리고 깨달았습니다.

행복은 멀리 있는 목표가 아니라, 오늘 당장 시작할 수 있는 태도라는 것을.

그래서 이 책 안에 마음만 먹으면 바로 실천할 수 있는 행복의 방법들, 누구나 쉽게 꺼내 쓸 수 있는 사랑과 관계의 레시피들을 가득 담았습니다. 이 책이 당신에게 분명 위로와 힐링의 시간을 선물해줄 것이라 믿습니다.

좋은 관계는 저절로 만들어지지 않습니다.

사랑도, 신뢰도, 존중도, 모두 배워야 할 태도입니다.

이 책은 그 태도를 삶 속에서 실천할 수 있도록 돕는 안내서입니다.

잘 말하는 법보다 먼저, 잘 들어주는 법.

상대를 바꾸려 하기보다, 이해하려는 마음.
거창한 표현보다, 진심 어린 한마디.

이 작은 변화들이 관계를 살리고, 결국 우리 삶을 살립니다.

이 책을 통해 당신은 완벽한 사람이 되는 법이 아니라,
조금 더 따뜻한 사람이 되는 법을 만나게 될 것입니다.

그리고 그 따뜻함이 가장 가까운 사람에게 전해질 때,
당신의 인생도 함께 달라지기 시작할 것입니다.

- 정 병 태

목   차

01
사람을 살리는
사랑의 언어 배우기

사람은 하루 채워져야 할 사랑의 언어가 채워지지 않을 때 삶에 의욕을 잃고, 우울증에도 걸리게 되며, 무기력한 삶을 살게 된다.

반면, 인정하는 말은 사랑의 언어가 될 수 있다. 그저 함께하는 시간이 사랑의 언어인 사람들에게는, 진지한 경청이 사랑의 언어가 될 수도 있다. 어떤 이들은 눈을 맞추고 의미 있는 시간을 보낼 때 가장 깊은 사랑을 느낀다. 그 자리에 함께하는 것이 어떤 사람에겐 최고의 사랑 표현이다.

어느 여성은 마음이 심란할 때, 풍랑이 일 때마다, 자기 집 마당과 뒤란에 있는 싱싱한 나무를 떠올리곤 한다. 그러고는 말을 건넨다.

"나무야, 고마워! 그 자리에 이렇게 흔들린 적 없이 계속 서 있어줘서."

그러면 나무는 대답한다.

"나도 찾아와줘서 고마워. 힘들면 또 와!"

그리고 나면 다시 새롭게 힘이 생긴다.

마음이 가벼워진다.

그녀를 낫게 한 만병통치약

말을 잘하기 위한 첫 번째 관문은, 남의 말을 잘 듣는 것이다. 귀로 잘 들어야 하는 것은 말할 것도 없고, 진지한 눈빛으로, 적극적인 자세로, 그리고 온몸으로 반응하며 들어야 한다. 다음의 이야기를 보라.

마음속에 답답한 것이 많아 화병이 난 여성이 있었다. 용한 의사를 만나 오랫동안 이야기를 나누었다. 그러고는 환하게 밝아진 얼굴로 진료실 문을 나서며 말했다.

"정말 훌륭한 선생님이세요. 제 병이 다 나은 것 같아요."

그러나 알고 보니, 그 의사는 치료를 위한 처방에 대해서는 한마디도 언급한 적이 없었다고 한다. 단지 끝도 없이 풀어놓는 환자의 이야기에 고개를 끄덕이며 듣기만 했을 따름이란다.

"아… 그랬군요. …저런! 에잇, 몹쓸 사람!"

그렇게 장단을 맞추었을 뿐이었다.

스위스의 저명한 정신과 의사이자 '인격 의학'의 창시자인 폴 투르니에는 인격을 치유하는 대화는 의사이든, 목회자이든, 누군가가 환자의 이야기를 들어줄 때 비로소 시작된다고 말했다.

사랑과 경청의 힘

알고 지내던 한 여성은 걸어 다니는 종합병원이었다.

몸 이곳저곳이 아파 늘 수술을 받아야 했다. 1년에 병원에 가는 날이 가지 않는 날보다 많은 이 자매에게 놀라운 일이 생겼다. 얼굴에 생기가 돌고, 마른 몸에 살이 오르고, 혈압이 정상이 되더니, 건강을 되찾은 것이다.

그 비결은 애인이었다. 하루에도 몇 번씩 전화하고, 만나며 하루 종일 그와 함께 있었다. 이 자매는 우주에서 자기가 가장 행복한 사람이라고 느끼게 되었다.

사랑을 담은 효과적인 듣기는 귀뿐만 아니라 반짝이는 눈빛으로 한다. 얼굴의 끄덕임으로, 때론 몸 전체로 듣는다면 더욱 효과가 있다.

※ 오늘부터 누군가가 나를 부르면 눈을 반짝이며 웃음 띤 얼굴로 돌아보자. 그리고 반갑고 호기심 많은 얼굴로 무슨 말을 하려나 기대하고 들어보자.

※ '믿음은 들음에서 난다(롬 10:17)'는 말씀이 있듯, 듣는 데서 믿음이 더욱 자란다. 예를 들면 신학자 칼 바르트는 "하나님의 말씀이 성경 안에서 나를 기다린다"고 말했다. 이 말씀에 대하여 어떻게 생각하는가?

02
좋은 관계의
본질을 찾아서

나비 살레의 통찰력 있는 말을 전해드리겠다.

"우리는 사람을 접대하는 커피 사업을 하지 않습니다. 우리는 사람 사업을 합니다. 커피를 대접하면서요."

관계의 역설

견원지간(犬猿之間)이라는 말은 개와 원숭이처럼 서로 사이가 좋지 않은 관계를 의미한다. '사람이 원수를 가장 사랑할 때는 그가 죽었을 때'라고 플루타르크가 말한 바 있다. 하지만 인간은 동물과는 다르다. 우리에게는 사랑하고 사랑받고자 하는 본능이 있기 때문이다.

세계적 조직 심리학자 애덤 그랜트의 연구는 흥미로운 사실을 보여준다. 성공의 핵심은 '주는 것'에 있다. 진정한 사랑에는 기브앤테이크(Give and Take)가 존재하지 않는다.

진정한 사랑의 의미

사랑은 무한한 갈증과 같다.

아무리 받아도 채워지지 않는 감정,
모든 경계를 뛰어넘는 힘,
모든 두려움을 극복하게 하는 용기,
따뜻함과 친절함이 가득한 감정.

아가서의 사랑

솔로몬의 아가서 1장 16절은 사랑의 깊이를 이렇게 아름답게
표현한다.

"나의 사랑, 멋있어라.
나를 이렇게 황홀하게 하시는 그대!
우리의 침실은 푸른 풀밭이라오."

사랑은 서로를 바라보며 진심으로 아름답다고 말해줄 수 있
는 마음에서 시작된다. 함께 있을 때 편안히 쉬며, 존재만으로
기쁨이 되는 관계가 깊은 사랑의 관계다.

사랑은 화려한 표현이 아니라, 서로의 곁이 가장 안식이 되는
상태다. 그 평안함과 기쁨이 쌓일 때, 관계는 더욱 단단해진다.

사랑의 진화

로맨틱한 감정은 영원하지 않을 수 있다. 하지만 그 감정이 끝

난 후에 시작되는 것이 진정한 사랑이다. 17세기 작가 애프라 벤의 말처럼, "사랑이 신비이기를 그치면, 사랑이 기쁨을 주는 것도 그친다".

톨스토이의 질문 '사람은 무엇으로 사는가?'에 대한 답은 명확하다. '사랑으로 산다.'

오늘, 우리는 무엇으로 살아가고 있을까?

깊디깊은 사랑, 아주 깊은 사랑

여러분에게 묻겠다.
"사랑의 반대는 무엇인가?"

또 묻겠다.
"내 관계를 위태롭게 하는 것은 무엇인가?"

많은 심리학자는 현대인의 가장 심각한 문제로 '관계 맺지 못함'을 꼽는다. 인간은 사회적 존재로서 관계를 갈망하며 살아가는 존재다.

하지만 극단적인 개인주의와 완벽주의가 사람들 사이의 거리를 넓히고, 관계를 맺는 길을 가로막는다. 아이러니하게도 현대 사회는 역사상 그 어느 때보다 관계를 형성할 기회가 많지만, 많은 사람들은 스쳐 지나가기만 할 뿐 깊은 관계로 나아가지 않는다. 쉽게 흥미를 잃고, 새로운 관계를 찾아 떠난다. 하지만 이런 방식으로는 진정한 사랑과 깊은 관계를 찾을 수 없다.

깊은 관계를 맺으려면, 사물을 꿰뚫어보는 통찰력(insight)을 길러야 한다. 순간적인 감각에 의존하는 대신, 상대를 깊이 이해하는 능력을 키워야 한다. 둔감한 감각으로는 좋은 관계를 맺을 수 없다.

사랑은 맛보기 식으로 경험하는 것이 아니다. 결혼 상대를 선택하듯 신중하면서도, 한편으로는 용기를 내어 온전히 빠져들어야 한다.

사랑이란 무엇인가? 사랑이란 단순한 감정이 아니다.

사랑을 정확히 정의할 수 있는 사람은 성공한 사람이다.

커피를 사랑하는 사람은 커피를 대하는 태도가 다르다. 연극을 사랑하는 배우는 연극을 대하는 자세가 다르다. 일을 사랑하는 사람도 마찬가지다. 무언가를 사랑하는 태도와 방식이 곧 삶의 방식이 된다.

사랑은 본능이다. 누구나 사랑을 주고받기를 원한다. 하지만 사랑의 궁극적인 목적은 단순히 주고받는 것을 넘어, 우리가 사랑 자체가 되는 것이다.

사랑은 감정을 초월한 무엇이다. 사랑하는 사람 앞에서는 상대의 단점이 보이지 않는다. 설령 발견하더라도, 그것은 문제가 되지 않는다. 오히려 더 깊이 애틋해지고, 함께하고 싶은 마음이 커질 뿐이다.

사랑을 배우려 할 때

사랑을 단단히 결속하는 방법은 무엇인가? 에리히 프롬은 그의 명저 〈사랑의 기술〉에서 이렇게 말한다.

"사랑이 단순한 감정이라면, 영원한 사랑을 맹세하는 것은 무의미할 것이다. 감정은 왔다가도 사라지기 때문이다."

사랑이 꽃피고 열매 맺기 위해서는 신뢰와 개방이 필수적이다. 생텍쥐페리는 〈어린 왕자〉에서 말했다.

"우리는 우리가 길들인 것에 대해 영원한 책임이 있다."

사랑도 마찬가지다.

사랑은 우리를 성장시키는 힘이다. 하지만 많은 사람이 사랑에 굶주려 있다. 사랑은 단순한 욕망이 아니다. 그것은 우리의 내면을 풍요롭게 하고, 성숙하게 만든다. 신뢰에 기반한 사랑이야말로 지속적인 관계를 유지하는 원천이다.

사랑도 배워야 한다

에리히 프롬은 사랑을 '기술(技術)'이라 말했다. 사랑은 저절로 찾아오는 행운이 아니다. 반드시 배워야 한다. 과거에는 결혼이 개인적인 선택이 아니었다. 사회적 계약이었고, 사랑은 결혼 후에 자라났다.

하지만 현대인은 사랑을 배우지 않고, 즉흥적으로 경험하려 한다. 사랑이 실패했을 때도 배우려 하지 않는다.

모든 기술이 그렇듯이, 사랑도 배우려면 먼저 이론적 지식을 익혀야 한다. 음악, 미술, 건축, 의학은 배우려 하면서, 왜 사랑은 배우려 하지 않는가? 사랑의 기술을 배우는 것, 그것이야말로 진정한 사랑을 찾는 길이다.

당신은 사랑을 배우려 하는가?

당신의 생각이 듣고 싶다.

- 생각 나누기 -

※ 나는 사람을 대할 때 '일을 위한 관계'를 맺고 있는가, 아니면 '사람 자체를 소중히 여기는 관계'를 맺고 있는가? 이번 주에 한 사람을 정해 그의 필요와 마음에 먼저 관심을 가져보자.

※ 사랑이 감정이 아니라 배워야 할 '기술'이라면, 나는 지금까지 관계 속에서 무엇을 배우려 노력해왔는가? 혹시 반복되는 관계의 어려움 속에서 돌아봐야 할 나의 태도는 무엇일까?

03
인생을 바꾸는
관계의 기술

인생에서 최고의 행복이란 무엇일까?

나는 이렇게 확신한다. 내 곁에 당신과 같은 좋은 사람이 함께 하는 것이다.

진정으로 위대한 사람은 인간관계를 탁월하게 운영하는 사람이다. 20세기 최고의 부호 존 록펠러가 남긴 통찰은 이를 완벽하게 대변한다.

"나는 이 세상의 그 어떤 능력보다도 사람을 대하는 능력에 더 큰 가치를 둘 것이다."

성공 비결을 묻는 말에 그는 답했다.

"성공을 원한다면 귀는 활짝 열고 입은 다물어야 합니다. 기회가 오지 않는다고 불평하는 것은 자신의 한계를 인정하는 것과 다름없습니다. 진심으로 원하는 이에게는 행운은 반드시 찾아옵니다."

당신의 행복 방정식, 관계의 미학

단절된 관계는 자신과 타인 모두에게 깊은 상처를 남기며, 성공과 행복으로 가는 길을 차단한다. 그럼에도 많은 이들이 좋은 관계(good relationships) 구축에 소홀하다.

루즈벨트 대통령이 강조했듯 성공의 핵심 공식은 '타인과의 원만한 관계 형성'이다. 타인은 우리의 성공에 결정적인 영향을 미치는 존재다. 관계의 실패는 곧 인생의 실패로 이어진다.

조제프 월프는 대인관계의 세 가지 패러다임을 제시한다.

"첫째는 자기중심적 사고로 타인을 경시하는 것이고, 둘째는 타인만을 우선시하는 것이며, 가장 이상적인 셋째는 자신의 주체성을 지키되 타인을 배려하는 균형 잡힌 태도를 지니는 것이다."

연구 결과는 명확하다. 개인의 성공에 있어 지적 능력이나 기술적 숙련도보다 대인관계가 더욱 결정적인 요인으로 작용한다. 실패의 원인을 분석해보면 '업무 수행의 미숙'보다 '대인관계의 결여'가 더 큰 비중을 차지한다. 따라서 성공적인 삶의 핵심은 타인과 어떤 관계를 구축하고 계속 발전시켜나가는가에 있다.

소냐 류보머스키의 연구는 더욱 명확한 사실을 보여준다.

"행복 연구에서 가장 확실하게 입증된 사실은 행복한 사람일수록 더 풍요로운 인간관계를 영위한다는 점이다."

이는 사회적 관계에 대한 투자가 행복 증진의 가장 효과적인 전략임을 시사한다.

당신은 미래를 위해 인간관계에 얼마나 투자하고 있는가?

혹시 주변에서 친구 간 동업이 파국으로 치달은 사례를 목격한 적이 있는가?

한 가족임에도 관계가 단절되어서 서로 타인처럼 지내고 있지는 않은가?

훌륭한 인물을 만나는 것도 중요하지만, 더욱 본질적인 것은 그들과 지속 가능한 관계를 구축할 수 있는 소통 기술을 습득하는 것이다.

이러한 관계 기술은 단순한 지식이 아닌, 꾸준한 연습과 훈련, 끊임없는 성찰을 통해 체득되는 실천적 지혜다.

평범한 관계를 황금으로 바꾸는 법

현대 사회에서 많은 이들이 관계 기술의 중요성을 간과하고 있다. 여러분에게만큼은 진심으로 권하고 싶다. 인간관계의 법칙을 조기에 습득하시기를 바란다.

관계의 법칙이 일단 체화되면 평생 삶의 매 순간에 성공의 디딤돌이 되어줄 것이다. 더불어 우리가 진정으로 아끼는 이들에게도 이러한 관계의 지혜를 전수할 수 있어야 한다. 인간관계 기술은 모든 영역에서 최우선 순위(high priority)를 차지하며, 이 능력이 부족하면 필연적으로 시련을 맞게 된다. 다음 존 피셔의 통찰력 있는 조언처럼 말이다.

"결혼의 성공은 '완벽한 배우자'를 찾는 것이 아닌, 함께하는 사람과의 조화로운 적응에 달려있습니다."

관계의 성공 비결은 바로 상대방에 대한 진정한 존중(respect)에서 시작된다.

이 관계 맺기의 지침서가 관계의 어려움을 겪는 모든 이들에게 실질적인 해결책이 되기를 희망한다. 나아가 개인의 성장과 발전을 촉진하는 귀중한 자산이 되어, 대인관계 능력의 향상을 통해 풍요로운 삶을 영위하는 길잡이가 되기를 바란다.

나는 수많은 사람들과 교류하며 한 가지 명확한 진리를 깨달았다. 인간관계를 벗어난 성취는 어떤 상황에서도 진정한 의미를 가질 수 없다.

처음에는 완벽해 보이던 관계도 관리의 부재로 순식간에 붕괴하는 것을 목격했고, 찬란했던 유대관계가 적대관계로 변모하는 안타까운 현실도 보았다. 또한 관계 기술의 미숙함으로 잠재력을 발휘하지 못하는 사례도 많았다. 그래서 사람의 마음을 얻기가 세상에서 가장 어려운 과제라고 하는 것이다.

결국 우리의 행복, 성장 그리고 기쁨은 어떤 관계를 구축하고 유지하느냐에 달려있다.

이것이 내가 대인관계의 기술과 심리에 깊은 관심을 두게 된 근본적인 이유다.

인간관계의 고민은 특정 개인의 문제가 아니다. 많은 이들이 관계에서 비롯된 고통, 갈등, 상처로 어려움을 겪는다. 하지만 타인을 비난하기에 앞서, 문제의 근원이 자신의 내면에 있음을 인식해야 한다. 우리의 기질, 성향, 관점, 태도가 바로 그 열쇠다. 이미 굳어진 습관과 언어 사용이 관계의 질을 결정짓는다.

행복은 여러 요소로 구성되고 그중 인간관계는 특히 행복의 핵심적인 위치를 차지한다. 물질적 풍요도 건강한 관계없이는 진정한 행복을 가져다주지 못한다.

자신의 관계 능력을 객관적으로 평가해보는 것이 발전의 첫걸음이다. 친구, 가족, 직장 동료와의 관계에서 당신의 소통 방식은 어떠한가?

한 CEO의 이야기가 떠오른다. 그는 첫 직장 면접에서 자신의 강점으로 '원만한 인간관계'를 꼽았고, 이것이 합격의 결정적 요인이 되었다고 한다. 이는 현대 사회에서 관계 능력의 가치를 단적으로 보여주는 예시이다.

신뢰와 친밀감의 심리학

인간관계에서 상대방과의 유사성을 발견하는 것만큼 효과적인 관계 구축 방법은 없다. 예를 들어, 직장 상사가 즐기는 운동을 함께하는 것만으로도 자연스러운 대화의 물꼬를 틀 수 있다.

사회심리학 분야에서 유사성은 가장 강력한 인간관계 형성 요인 중 하나로 인정받고 있다. 인간은 본능적으로 자신과 유사한 특질을 가진 사람에게 더 큰 신뢰를 보내는 경향이 있다.

이와 관련하여, 리사 드브루인의 획기적인 연구는 외모의 유사성이 상대방에 대한 선호도와 신뢰도를 현저히 증가시킨다는 사실을 과학적으로 입증했다.

오랜 세월을 함께한 부부가 형제자매처럼 닮아간다는 것은 흔히 듣는 이야기이다. 이러한 현상의 근본적인 이유는, 애초에 유사한 특질을 가진 사람들이 서로에게 이끌려 만났을 가능성이 높기 때문이다.

외모의 유사성은 이러한 매력의 기본 요소에 불과하다. 나아가 음식 취향, 여행 스타일, 취미 활동 등 생활 전반에 걸친 선호의 유사성이 높을수록 서로에게 더 끌리게 된다.

특정한 사람과의 관계를 발전시키고 싶다면, 그 사람과의 공통점을 의식적으로 발견하고 발전시켜나가라. 가능한 한 많은 영역에서 유사성을 찾아내고 공유할수록, 그 사람과의 심리적 거리는 자연스럽게 좁혀질 것이다.

유사성의 범주는 매우 광범위하다. 이름, 연령대, 취미생활, 선호하는 색상, 식습관, 가치관, 외모, 패션 스타일, 문화적 배경, 사용하는 언어에 이르기까지, 다양한 측면에서의 공통점은 예상 이상으로 강력한 유대감을 형성한다.

이러한 유사성에 기반한 관계는 더욱 견고하고 지속적인 신뢰 관계로 발전할 가능성이 높다.

　※ 나는 요즘 사람을 대할 때 '내 말을 이해시키는 것'에 더 집중하는가, 아니면 '상대의 마음을 이해하는 것'에 더 집중하는가? 이번 주한 사람을 정해, 판단이나 조언 없이 끝까지 이야기를 들어주는 연습을 해보자.

　※ 좋은 인간관계는 우연이 아니라 노력의 결과라고 했다. 내 삶에서 더 깊어지길 바라는 관계는 누구와의 관계인가? 그 사람과의 공통점 하나를 발견하고, 먼저 다가가기 위해 내가 실천할 수 있는 작은 행동은 무엇일지 적어보자.

04

최장기간의 연구가
밝혀낸 행복의 비밀

75년간의 하버드 종단 연구

'인간을 진정으로 건강하고 행복하게 만드는 요소는 무엇일까?'

단 한 가지 질문에서 시작된 이 연구는 인류 역사상 가장 장기간에 걸쳐 진행된 종단 연구이다. 75년이라는 전례 없는 기간 동안 진행된 이 연구는 두 개의 상이한 집단을 추적했다. 한 집단은 하버드 대학 2학년 재학생, 그리고 한 집단은 보스턴 최빈곤 지역 출신의 청소년들이었다.

　연구 초기, 젊은 참가자들에게 가장 중요한 인생의 목표를 물었을 때 80% 이상이 '부자되는 것'을 첫 번째로 꼽았고, 그다음으로 '명성을 얻는 것'을 선택했다.

　그렇다면 한 인간의 전 생애를 조망하면 결과는 어떨까?

　청소년기부터 노년기까지 삶의 전 과정을 추적하여 진정한 행복과 건강의 원천을 발견할 수 있다면 말이다.

　하버드 대학교 성인발달 연구팀이 이 도전적인 질문에 답을 찾았다. 남성 724명의 인생을 75년간 추적해 말했듯 기록된 종단 연구 중 최장기간의 기록을 보유하고 있다. 연구진은 매년 참가자들의 직업 경로, 가정생활, 건강 상태를 체계적으로 조사했다. 연구 기간이 너무 길어 원래의 연구 대상자들과 연구자들이 사망하면서 다음 세대의 연구자들에게 바통이 전해졌다.

좋은 관계의 절대적 가치

　수만 페이지에 달하는 방대한 데이터를 분석한 결과, 75년간의 연구에서 도출된 가장 명확한 결론은 좋은 관계(good relationships)가 인간의 건강과 행복을 결정짓는 핵심 요인이라는 것이다. 이 단순하지만 강력한 진리를 발견하기 위해 75년이라는 시간이 필요했다.

연구를 통해 밝혀진 관계의 핵심 교훈은 다음과 같다.

양질의 사회적 관계는 긍정적 영향을 강력하게 미치는 반면, 고독은 치명적인 부정적 효과를 초래한다.

가족, 친구, 지역사회와의 유대관계가 깊을수록 행복도와 건강 수준이 높아지고 수명도 연장되는 것으로 나타났다.

그러나 사회적 고립은 심각한 위험 요인으로 확인되었다. 고립된 개인들은 행복감이 현저히 저하될 뿐만 아니라, 중년기 건강 악화가 가속화되고, 인지 기능이 조기에 저하되며, 평균 수명도 단축되는 것으로 나타났다.

주목할 만한 점은, 물리적 고독뿐만 아니라 정서적 고독도 같은 해로운 영향을 미친다는 것이다. 군중 속에서도, 심지어 결혼 생활 중에도 고독을 경험할 수 있으며, 대인관계에서의 갈등 역시 신체 건강에 부정적 영향을 미치는 것으로 확인되었다.

반면, 따뜻하고 지지적인 관계는 신체 건강뿐만 아니라 인지 기능까지 보호했다. 강한 정서적 유대를 가진 80대 노인들은 그렇지 않은 또래에 비해 더 건강하고 선명한 기억력을 유지했다.

현대인의 건강을 위협하는 숨은 요인, 고독

현대 사회에서 가장 심각한 심리적 스트레스 요인은 고독이다. 다음의 사례는 고독이 생명체에 미치는 부정적인 영향을 생생하게 보여준다.

사랑과 보살핌 속에서 자라는 반려묘의 평균 수명이 9년 정도이지만, 끊임없는 생존의 불확실성 속에서 살아가는 길고양이의 평균 수명은 고작 2년에 불과하다. 매일 먹을 것을 찾아 헤매고, 안전한 휴식처를 찾아 방황하며, 지속적인 생존 스트레스에 노출된 결과이다.

마찬가지로, 홀로 자라는 병아리는 불안과 외로움을 드러내는 울음소리로 마당을 배회하지만, 무리 속에서 자라는 병아리들의 울음소리에는 생기와 활력이 넘친다.

주목해야 할 점은 단순한 인간관계의 양적 측면이 아닌 질적 측면이다. 알고 지내는 사람의 수나 소속된 단체의 개수보다 중요한 것은 관계의 깊이와 신뢰도이다. 진정한 의미의 돈독한 신뢰 관계야말로 우리가 추구해야 할 목표다.

관계 구축은 평생의 과제다. 연구 결과, 은퇴 후 가장 높은 행복도를 보인 사람은 사회적 관계 유지에 지속적으로 노력을 투자한 사람들이었다. 궁극적으로 가장 행복한 삶을 영위한 이들은 가족, 친구, 공동체와의 끈끈한 유대를 꾸준히 유지해온 이들이었다. 마크 트웨인은 말했다.

"시간이 없습니다.

인생이 너무 짧아서 다투고, 사과하고, 괴로워하고, 해명을 요구할 시간이 없습니다.

오직 사랑할 시간만이 있을 뿐이며, 그마저도 순간입니다."

※ 지금 바쁜 일상 속에서 관계를 '나중에'로 미루고 있지는 않은가? 오늘 내가 먼저 연락하거나 시간을 내 마음을 나눌 수 있는 사람은 누구인가. 그 사람에게 어떤 따뜻한 표현을 건넬 수 있을지 생각해보자.

※ 여러 연구는 인간의 행복과 건강을 지키는 힘이 '깊이 있는 관계'에 있다고 말한다. 지금 내 곁에는 힘들 때 솔직한 마음을 나눌 사람이 있는가? 없다면, 그런 관계를 만들기 위해 내가 먼저 바꾸고 갖춰야 할 태도는 무엇일까?

05

더 나은 관계를
만드는 성찰

지그 지글러는 말한다.

"소유한 것에 감사하며 살아간다면, 우리는 이미 삶의 절반을 진정으로 살고 있는 것이다."

빛을 나누는 마음

한 맹인이 스승에게 밤늦게까지 가르침을 받고 집으로 돌아갈 때, 스승은 등불을 건네며 조심하라 당부했다. 맹인은 의아해하며 물었다. "제게 등불이 무슨 의미가 있습니까?"

스승은 차분히 답했다. "네게는 보이지 않아도, 다른 이들이 네 등불을 보고 길을 비켜주지 않겠는가?"

맹인은 스승의 깊은 배려에 감동해 등불을 들고 길을 떠났다.

등불은 누구를 위한 것인가?

등불은 타인을 향한 배려와 존중의 상징이다. 관계의 핵심은 이처럼 상대의 시선에서 세상을 보는 것이다.

오늘도 많은 이들이 '일보다 인간관계가 더 힘들다'라고 토로한다. 데이빗 스툽의 지적처럼, 인간관계의 갈등은 종종 완벽주의에서 비롯된다. 완벽한 부모, 완벽한 친구는 존재하지 않는다. 실수와 서툰 모습을 "괜찮아", "나도 그럴 때가 있었어"라는 말로 위로할 때 관계는 성숙해진다.

선행의 원칙, Give & Take가 아닌 Give & Receive

지그 지글러는 성공의 법칙을 이렇게 정의했다.

"타인이 원하는 것을 먼저 도와주면, 그들 역시 네가 원하는 것을 이루게 도울 것이다."

여기서 핵심은 '먼저'라는 단어다. 이는 마태복음 7:12의 황금률, 부메랑 효과와도 통한다. 오랜 시간 나 중심의 관계를 맺었던 나도 이제 타인의 필요에 집중하며 변화를 경험하는 중이다.

에이브러햄 링컨의 조언처럼, 누군가를 내 편으로 만들고 싶다면, 먼저 그의 진정한 친구가 되어라. 관계는 배움의 과정이며, 타인이 우선임을 늘 기억해야 한다.

성공의 보이지 않는 기반, 관계력

능력과 성과만으로는 충분하지 않다. 〈하버드 비즈니스 리뷰(Harvard Business Review)〉는 "프로페셔널의 성장은 타인과의 소통 능력에 달렸다"고 강조한다.

위대한 리더는 관계 구축에 탁월하다. 〈좋은 기업을 넘어 위대한 기업으로〉의 저자 짐 콜린스는 "위대한 기업의 토대는 적합한 인재를 확보하는 것"이라고 말한다.

텔레오메트릭스의 제이 홀 박사는 1만 6,000명의 임원을 분석해 배려와 관계 능력이 업무 성취도와 정비례한다는 사실을 입증했다.

관계 맺기는 선택이 아닌 필수다. 타인의 세계에 발을 들여놓는 용기, 작은 등불을 계속 밝히는 끈기. 그것이 진정한 시너지를 만든다.

오늘부터 당신의 등불이 꺼지지 않도록, 먼저 손을 내밀어보라. 세상은 그 빛을 반드시 읽을 것이다.

백만장자의 비결

다음의 〈백만장자의 비결〉 연구 보고서를 살펴보자.

원만한 인간관계를 형성하고 효과적으로 내용을 전달하는 것은 성공의 핵심이다. 진정한 커뮤니케이션은 상호 존중과 이해에서 비롯된다. 상대를 존중할 때 비로소 그들의 강점을 발견할 수 있으며, 이러한 관계는 더욱 깊고 끈끈한 유대를 형성한다.

강점은 보려는 사람에게만 보이는 법이다. 따라서 좋은 관계란 상대방의 강점을 인정하고 존중하는 데서 시작된다.

페이스북 창업자 마크 주커버그는 하버드대 동창들과 관계를 맺으며, 그들이 자유롭게 소통할 수 있는 공간을 만들겠다는 취지에서 페이스북을 탄생시켰다. 세계 1위 검색엔진 구글 또한 스탠퍼드 대학원에서 만난 세르게이 브린과 래리 페이지의 협업에서 출발했다.

좋은 관계를 통해 새로운 가치를 창출할 수 있으며, 이러한 가치는 얼마나 질적으로 깊은 관계를 맺고 있는지에 따라 결정된다. 결국, 우리의 삶은 인간관계의 총합이다.

백만장자의 성공 법칙

마크 알비온의 저서 〈Making a Life, Making a Living〉에는 1960년부터 1980년까지 MBA 졸업생 1,500명을 20년간 추적한 연구가 소개된다. 연구진은 졸업생을 두 그룹으로 나누었다.

- **범주 A:** 돈을 벌어 경제적 안정을 이룬 후, 자신이 진정으로 원하는 일을 하겠다고 답한 그룹 (83%, 1,245명)
- **범주 B:** 처음부터 자신이 하고 싶은 일을 선택하면, 돈은 자연스레 따라올 거라고 믿은 그룹 (17%, 255명)

20년 후, 조사 대상자 중에서 101명의 백만장자가 탄생했다. 그중 100명은 범주 B에 속했다. 경제적 성공을 거둔 대부분의 사람은 '좋아하는 일을 선택하고 몰입한 이들'이었다.

이 연구가 시사하는 바는 명확하다. 백만장자의 성공 비결은 돈을 쫓는 것이 아니라, 자신의 열정과 재능을 바탕으로 일을 선택하는 데 있었다.

빌 게이츠, 워런 버핏, 스티브 잡스와 같은 세계적 거부(巨富)들의 공통점은 무엇인가? 그들은 다르게 생각하고 행동했다. 단순히 돈을 목표로 삼지 않았고, 자신이 사랑하는 일을 택해 지속적으로 발전시켰다.

성공적인 관계 맺기의 본질

비즈니스뿐만 아니라 인간관계에서도 본질은 동일하다. 좋은 관계는 상대방의 가치를 인정하는 데서 시작된다.

당신은 어떻게 좋은 인간관계를 형성하고 있는가? 상대가 '가치 있는 존재'라고 느끼게 만드는 것이 핵심이다. 이를 위해 우리는 다음과 같은 7가지 태도를 실천할 수 있다.

1. **경청하기:** 진정성 있는 관심을 기울여 신뢰를 쌓는다.

2. **질문하기:** 상대의 생각을 존중하고 깊이 이해한다.

3. **고통을 공유하기:** 어려움을 나누어 유대감을 쌓는다.

4. **강점 인정하기:** 상대의 장점을 발견하고 격려해 관계를 강화한다.

5. **참여 요청하기:** 함께할 기회를 제공하여 유대감을 형성한다.

6. **감사 표현하기:** 작은 감사의 말 한마디로 관계를 지속한다.

7. **적극 반응하기:** 관심과 반응이 관계를 의미 있게 한다.

삶과 비즈니스, 그리고 인간관계에서 어떤 선택을 하고 있는가? 돈보다 중요한 것은 자신이 사랑하는 일을 찾고, 사람들과 진정성 있는 관계를 맺는 것이다.

좋은 인간관계를 위한 10가지 원칙

1. 좋은 인맥을 만들기 전에 자신의 인간성을 점검하라.

2. 적을 만들지 말라.

3. 스승(멘토)을 찾아라.

4. 만남을 VIP처럼 소중히 여겨라.

5. 첫사랑보다 강렬한 인상을 남겨라.

6. 헤어질 때 다시 만나고 싶은 사람이 돼라.

7. 333 법칙: 하루에 3번 참고, 3번 웃고, 3번 칭찬하라.

8. 내 일처럼 기뻐하고, 내 일처럼 슬퍼하라.

9. Give & Give & Forget: 베풀고 잊어라.

10. 한 번 맺은 인연은 영원한 인연으로 만들어라.

'좋은 인간관계 맺기'는 일종의 기술이다. 관계를 형성하는 과정은 예술과 같다. 정성을 다해 상대를 대해야 한다. 이제 '때문에'에서 '어떻게'로 사고를 전환하라.

- 생각 나누기 -

※ 스스로에게 다음 질문을 던져보자. 좋은 관계 리더십의 가치를 점검해보자. 이를 기록하고 나누어보길 바란다.

- 나는 언제나 긍정적인 관점을 유지하는가?
- 나는 상대의 강점을 발견하고 먼저 칭찬하는가?
- 나는 작은 일에도 책임을 다하고 집중하는가?
- 나는 다양한 관점에서 사물을 바라보는가?

※ 나는 인간관계에서 무엇을 더 먼저 하고 있나? '받는 것'인가, '주는 것'인가? 이번 주 한 사람을 떠올려 아무 조건 없이 격려하고 도움을 건네보자. 그 작은 행동이 내 마음과 관계에 어떤 변화를 가져오는지 돌아보자.

06
좋은 관계는
무엇을 먹고 자라는가

사랑의 능동적 본질

사랑은 단순한 감정이 아닌 적극적인 행위다. 그 핵심에는 보호, 책임, 존경, 그리고 깊은 이해가 자리 잡고 있다. 이는 인간관계뿐만 아니라 모든 형태의 사랑에 적용된다.

예를 들어, 정원을 사랑한다고 하면서 꽃에 물 주기를 게을리한다면 그것은 진정한 사랑이라 할 수 없다. 진정한 사랑은 대상의 성장과 번영을 위한 끊임없는 관심과 노력의 표현이어야 한다. 특히 존경은 타인의 고유한 개성을 있는 그대로 받아들이고 이해하는 능력으로, 깊은 앎 없이는 불가능하다.

인간은 능동적 감정을 표현할 때 비로소 진정한 자유를 경험하며, 자신의 감정을 온전히 소유할 수 있다. 사랑은 힘의 표현이되, 이는 오직 자발성에서 비롯될 때만 가능하다.

강요된 사랑은 결코 진정한 사랑이 될 수 없다. 사랑은 빠지는 것이 아닌 참여하는 것이며, 받는 것이 아닌 주는 것이다.

에리히 프롬의 〈사랑의 기술〉에서는 성(性)을 통해 이를 설명한다. 생명의 창조는 자신을 내어주는 행위를 통해 이루어지며, 이 과정에서 깊은 감사와 기쁨을 동반한다.

마조히즘(Masochism)은 고통받음으로써 만족을 얻는 심리적 상태를 일컫는다. 에리히 프롬은 이를 미성숙한 자아의 표현으로 해석했다. 반면 사디즘(Sadism)은 타인을 지배하고 소유함으로써 자신의 고독을 피하려는 시도다. 호기심에 가득 찬 아이가 나비의 날개를 찢어보는 것과 같은 파괴적 호기심의 표현이다.

그러나 진정한 사랑은 이와 정반대의 방향을 걷는다. 자신을 열어 보임으로써 서로를 이해하고, 궁극적으로는 깊은 연결에 도달하게 된다.

프시케의 여정, 영혼과 사랑의 신화

- 작품명: 에로스와 프시케
- 아티스트: 안토니오 카노바(Antonio Canova, 1757–1822)
- 제작 연도: 1797년 경 조각
- 크기: 145cm
- 소장처: 루브르 박물관

그리스어로 '영혼'과 '나비'를 동시에 의미하는 프시케(Psyche)
는 한 왕국의 막내 공주였다. 그녀의 비할 데 없는 아름다움은
미의 여신 비너스(그리스 신화의 아프로디테)의 질투를 불러일으킬

정도로 뛰어났다.

비너스는 자신의 아들인 큐피드(그리스 신화의 에로스)에게 프시케를 가장 저열한 존재와 결합시키라 명했다. 그러나 운명의 아이러니처럼, 큐피드는 오히려 프시케의 아름다움에 매료되어 그녀와 비밀스러운 결혼을 한다.

단, 한 가지 조건이 있었다. 완전한 어둠 속에서만 만날 수 있으며, 그의 모습을 보려 한다면 영원한 이별을 맞이하리란 것.

질투에 눈먼 프시케의 언니들은 그녀의 남편이 괴물일지 모른다는 의심의 씨앗을 심었다. 결국 호기심과 불안에 사로잡힌 프시케는 등불을 켜 남편의 얼굴을 비추었고, 그 순간 사랑의 신 큐피드의 눈부신 모습을 발견한다. 하지만 등불의 기름방울이 떨어져 그를 깨우고, 배신감을 느낀 큐피드는 그녀를 떠난다.

이후 남편을 찾아 헤매던 프시케는 비너스의 영역에 도달한다. 비너스는 그녀에게 불가능에 가까운 과제를 던진다. 뒤섞인 곡식을 하룻밤 사이에 분류하기, 황금 양털 수집하기. 그리고 마지막 시험으로 지하 세계의 여왕 페르세포네로부터 아름다움의 상자를 가져오라는 과제를 준다.

프시케는 호기심에 상자를 열었다가 죽음의 잠에 빠지지만,

다시 큐피드의 사랑이 그녀를 구원한다. 주피터(제우스)의 중재로 비너스의 용서를 얻어낸 두 사람은 마침내 영원한 결합을 이루게 된다.

신화의 상징적 의미

말했듯 프시케(Psyche)라는 단어에는 두 가지 이중적 의미가 있다. 바로 '정신'과 '나비'다. 이는 인간 영혼의 불완전성과 변화 가능성을 상징한다.

그리스 신화에 따르면, 프로메테우스가 인간을 창조할 때 지혜의 여신 아테나가 보낸 나비가 인간의 생명력이 되었다고 한다. 프시케는 인내와 시련을 통해 신성(神性)을 획득한 유일한 인간으로서, 영혼의 성장과 완성을 상징한다.

전쟁의 신 아레스와 미의 여신 아프로디테 사이에서 태어난 에로스(큐피드)는 본능적이고 강렬한 사랑을 상징한다. 그의 이중적 본질, 귀엽고 장난스러운 모습과 폭력적인 힘은 사랑의 복잡한 본질을 보여준다.

이는 라틴어 'passio'에서 유래한 'passion'의 개념과 연결된다. 열정(passion)은 단순한 감정을 넘어 자기희생적 사랑을 의미하며, 프시케와 에로스(큐피드)의 이야기는 이러한 완전한 사랑의 실현을 보여주는 신화적 예시이다.

삼차원적 존재인 인간의 이해

인간은 생물학적 틀을 넘어 몸, 마음, 영혼이 얽힌 역동적 총체이다. 이 세 차원의 조화는 단순한 이론이 아니라 삶의 질을 결정하는 실천적 철학으로, 우리는 이를 매일의 호흡 속에서 풀어낼 수 있다.

이를 실용적 관점에서 다음과 같이 이해할 수 있다.

1. 육체적 차원(몸)의 실천

- 건강한 생활 습관 유지

- 적절한 운동과 휴식의 균형

- 감각적 경험의 균형 잡힌 수용

몸은 영혼의 그릇이자 현실을 체험하는 매개체다. 하여 건강한 생활 습관은 에너지의 원천이 된다. 이는 단순히 멈추었다가 움직이는 행위를 넘어 몸이 전하는 미세한 신호를 읽는 감각적 예민함을 요구한다.

적절한 운동은 근육을 단련하는 일에서 끝나지 않는다. 호흡의 리듬, 발바닥이 땅을 밀어낼 때의 저항감, 피로 다음에 찾아오는 활력의 파고. 이 모든 것이 몸과의 대화를 돕는다.

2. 정신적 차원(혼)의 활용

- 지속적인 학습과 성장

- 감정 조절과 자기 인식

- 합리적 의사결정과 책임감 있는 행동

마음은 끊임없이 변주하는 사유의 풍경이다. 지식의 축적보다 배움으로서 존재를 발전시킬 때, 우리는 편견의 틀을 깨고 유연한 사고를 키울 수 있다. 감정은 폭풍우처럼 밀려올 수 있지만, 내적인 거리를 유지하며 그 파도를 관찰하고 자신의 심연을 살피는 것이 진정한 자기 인식이다.

또한 합리적인 의사결정은 실리를 따지는 계산이 아니라, 선택의 순간마다 자신의 행동에 책임을 지려는 태도에서 비롯된다.

3. 영적 차원(영)의 발전

 - 진정한 자아 탐구

 - 타인과의 의미 있는 관계 형성

 - 초월적 가치 추구와 실천

고독한 명상만이 영적으로 성장하는 방법은 아니다. 타인의 눈빛에서 발견하는 공통의 인간성.

진정한 자아는 고통과 기쁨을 나누는 관계의 그물망 속에서 모습을 드러내기 마련이다.

사랑, 정의, 자비와 같은 초월적 가치는 추상적인 이상이 아니라 작은 실천에서 시작된다. 잔잔한 강물이 돌이 마모되듯, 일상의 사소한 행위가 영혼의 깊이를 만든다.

위 세 차원은 별개의 영역이 아니다. 건강한 신체는 맑은 정신의 토대가 되고, 성숙한 마음은 타인과의 깊은 유대를 가능하게 하며, 영적인 성숙은 육체적인 한계를 넘어서는 내적 힘을 발현한다.

예를 들어 요가 매트 위의 호흡은 근육을 단련시키면서도 마음의 잡념을 가라앉히고, 타인을 향한 배려는 영적인 만족감과 함께 우리 육체의 신경계에 평화를 준다.

일상으로 스며드는 실천 철학

- **생활 속 균형:** 신체적 에너지 관리와 지적 호기심 충족. 영적 채움을 주기적으로 점검하는 습관.
- **일상 속 성찰:** 하루를 마감하며 자신에게 질문하기. 오늘 내 몸에 귀 기울였나? 마음의 소란을 잘 다독였나? 누군가의 빛이 되었나?
- **진정한 소통:** 대화를 단순한 정보 교환의 영역이 아닌 영혼의 교류로 승화하기.

이는 도달해야 할 목표라기보다는 걸어가는 과정 자체에 가치를 두는 태도다. 몸과 마음과 영혼의 조화는 우리가 매 순간 창조하는 삶의 예술이다. 인간의 성장은 분절된 성취가 아니다.

세 가지 차원이 서로를 적시며 우거지는 정원과도 같다. 물을 주고 볕을 들이고 바람을 맞으며 우리는 온전히 피어난다.

- 생각 나누기 -

※ 사랑은 감정이 아니라 보호와 책임, 존중으로 자라는 '행동'이라고 했다. 나는 사랑한다고 말은 하면서도 실제 행동하는 관심과 노력을 미루고 있지는 않은가? 한 사람을 떠올렸다면, 오늘 내가 실천할 수 있는 구체적인 사랑의 행동은 무엇일까?

※ 몸과 마음과 영혼이 조화를 이룰 때 관계도 건강해진다. 요즘 나는 삶의 세 영역 중 어디에 가장 소홀했는가? 나를 돌보는 작은 습관 하나를 정해 꾸준히 실천한다면, 내 관계에는 어떤 변화가 일어날지 생각해보자.

07
온전한 사랑

독일의 대문호 괴테는 사랑에 대해 이렇게 말했다.

"우리는 어디서 태어났는가? 사랑에서.

우리는 언제 멸망하는가? 사랑이 없을 때.

우리는 어떻게 자신을 극복하는가? 사랑으로.

우리를 울리는 것은 무엇인가? 사랑.

우리를 하나로 묶어주는 것은 무엇인가? 사랑."

사랑은 단순한 감정이 아니라 삶의 방식이다. 그러나 사랑은 쉽게 깨질 수도 있다. 하지만 역설적으로, 사랑은 나눌수록 더욱 커진다. 사랑을 받기 위해서는 먼저 사랑을 베풀 줄 알아야 한다. 이는 아가페 사랑(agape love)의 본질이다.

사랑의 네 가지 형태

고대 그리스 철학에서는 사랑을 다음의 네 가지 유형으로 구분했다.

1. **아가페**Agape: 무조건적이고 희생적인 사랑. 대가를 바라지 않는 순수한 사랑으로, 가장 완전한 사랑의 형태다.
2. **필리아**Philia: 친구 간의 우정과 동료애를 의미하는 사랑. 있는 그대로의 상대를 받아들이고 함께 기쁨을 나누는 사랑이다.
3. **스토르게**Storge: 가족 간의 자연스러운 애정. 부모와 자녀, 형제자매 사이에서 형성되는 깊은 유대감이다.
4. **에로스**Eros: 이성 간의 열정적인 사랑. 연인 사이에서 강한 매력을 느끼고 끌리는 본능적인 사랑이다.

이 네 가지 사랑의 형태는 균형을 이룰 때 더욱 건강하게 지속된다. 특히, 아가페 사랑을 기반으로 이루어진 관계는 더욱 깊고 단단해진다.

우리 삶에서 가장 성숙하고 온전한 사랑은 무엇일까? 우리는 희생적이고 계산 없는 순수한 사랑을 실천하고 있나? 가족과 친구에게 진실한 애정을 표현하고, 소중한 순간을 함께 나누고 있나? 사랑은 인간을 살아가게 하는 가장 강력한 원동력이다.

사랑이 사라진 삶은 단조롭고 삭막해진다. 이는 개인뿐만 아니라 사회를 황폐하게 만들 수도 있다. 사랑은 선택이 아니라 필수다. 진정으로 사랑하는 사람이 있다면, 주저하지 말고 표현하라. 사랑이 충만한 사람은 어둠 속에서도 길을 잃지 않는다.

에로틱한 사랑

에로스적 사랑은 열정을 넘어 인격적 관계 속에서 실현된다. 성을 통해 이 사랑은 더욱 깊어질 수 있다. 성적 일치는 사랑의 절정을 이루는 방식 중 하나이며, 이를 무시하면 사랑은 쉽게 메말라 버릴 수 있다.

구약성경 아가서는 솔로몬의 사랑을 아름다운 시적 표현으로 담고 있다.

"내게 입 맞추기를 원하니 네 사랑이 포도주보다 나음이로구나 (아가서 1:2)."

입맞춤엔 흔한 애정 표현 이상의 의미가 있다. 생명과 영적인 교감을 뜻한다. 남녀 간의 에로틱한 사랑은 하나님의 선물이며, 이를 올바르게 인식하는 것이 무엇보다 중요하다.

성적 관계는 육체적 결합 그 이상의, 상대방과 경계를 넘어 깊이 교감하는 과정이다. 그러나 사랑이 탐욕적이고 폭력적으로 변질되면 관계는 상처로 얼룩진다.

사랑과 성의 신비

사랑과 성에는 신비가 존재한다. 이 신비가 사라지면 성은 천박한 행위로 전락하고 만다. 신학자 한스 옐루세크는 성을 통해 인간이 초월적인 경험을 할 수 있다고 말했다. 건강한 관계 안에서 성적인 교감이 이루어질 때, 이는 삶의 행복과 조화를 가져올 수 있다.

중세 철학자 토마스 아퀴나스는 쾌락을 신학적으로 긍정적인 가치로 보았으며, 심리학자 지그문트 프로이트도 인간이 쾌락을 추구하는 존재임을 강조했다. 철학자 프리드리히 니체는 "모든 쾌락은 영원을 갈망한다"라고 말했고, 아리스토텔레스는 에로스를 인간 내면의 대립을 통합하는 힘으로 보았다.

남녀가 함께하는 삶의 여정에서 사랑은 신뢰와 성장을 부른다. 좋은 관계는 사랑을 통해 자라나며, 우리는 그 사랑을 받아들이고 키워야 한다.

사랑하라. 온전한 아가페적인 사랑으로 시작하라.

사랑으로 관계 기르기

관계란 건강한 공존을 통해 자라난다. 내가 일방적으로 달라붙으면 상대는 편히 숨 쉴 수도 없고, 나 아닌 다른 것으로부터 자양분을 얻을 기회도 잃는다.

그렇다고 상대에게 거리를 두기만 한다면 그는 굶어 죽고 말 것이다. 양쪽 모두에게 자양분을 얻을 기회가 주어져야 한다.

따라서 관계의 건강한 균형을 얻기 위해서는 적절한 경계를 설정하고 상대의 경계를 존중하는 기술이 필요하다. 독일어에서 '만남'은 상대를 향해 나아감을 뜻한다. 이것은 서로 늘 붙어 있지 않음을 전제한다. 만남은 변화를 일으킨다.

사랑은 언제까지나 쓰러지지 않는다

고린도전서 13장 8절에 이런 문장이 있다.
"사랑은 언제까지나 쓰러지지 않는다."

우리는 사랑의 긍정적인 측면을 깨달아야 한다. 사랑에는 어마어마한 잠재력이 있다. 이를 깨달으면 서로를 올바르게 대하고, 존중하며, 지지하고, 진실하게 대할 수 있다. 감정을 넘어선 사랑을 나누게 된다.

우리의 관계를 위태롭게 만드는 요소에만 집중할 것이 아니라, 관계를 촉진하는 요소도 중요하게 여겨야 한다. 이 성공적인 관계에 꼭 필요한 태도가 바로 '신뢰'다. 신뢰는 어린 시절에 뿌리를 두고 있으며, 이는 내 안에 있는 선한 본질에 대한 믿음에서 비롯된다.

관계는 언제나 굳건하고, 생기 있으며, 새로워질 필요가 있다. 관계를 굳건하게 하는 방법 중 하나는 사랑했던 순간, 좋았던 기억, 결속했던 경험을 회상하는 것이다.

처음을 떠올리며 사랑에 빠졌던 감정을 다시 느낄 수 있다. 이러한 회상은 신뢰를 회복시키고, 상대의 매력을 다시 발견하게 한다. 그렇게 관계는 되살아나고, 다시 자라난다.

상대를 나의 틀에 가두지 않기

상대의 고유함과 다름을 인지하고 인정해야 한다. 한 걸음 뒤로 물러나 상대를 새로운 눈으로 바라보는 태도가 필요하다. 상대를 인지하면 곧, 그의 진실을 포착할 수 있게 된다. 그리고 발견한 그의 내면을 마치 값진 진주처럼 소중히 간직하는 것이다.

사랑의 반대는 무엇인가? 사랑의 반대는 무관심이다. 무관심은 상대를 멸시하고 방치하는 태도이며, 가장 과격한 공격과 다를 바 없다. 상대의 존귀함을 앗아가며, 결국 상대를 무가치한 존재로 만든다. 이는 관계에서 가장 치명적인 태도다. 상대를 제

대로 인지하면 자연스럽게 존중과 인정이 뒤따른다.

그렇다면 존중(respect)이란 무엇인가? 존중은 상대를 '다시 보는 것'이다. 상대에게 마음을 새롭게 쓰고 주목함을 의미한다.

혹시 당신은 상대를 얼핏 보고 지나치진 않았는가? 상대에게 눈길조차 주지 않고 지나친 적은 없는가? 그럼으로 내게 무시당한 기분이 든 사람은 없었을까? 내가 타인을 존중하지 않아 상대가 더 괴로워했던 적은 없을까? 곰곰이 생각해보자. 내가 무관심했던 사람은 누구인가? 지금 그를 기쁘게 할 수 있는 일은 무엇이며, 내 사랑과 존중을 가장 잘 드러낼 방법은 무엇일까?

건강하고 균형 있는 관계 만들기

어떤 사람에게는 음악이 삶의 자양분이다. 어떤 사람에게는 박물관 관람이나 산책, 명상이나 영화 감상이 삶의 자양분이다. 운동을 하거나 친구와 만나 대화를 나누면서 기운을 얻는 사람도 있다. 이 각자의 자양분을 이해하면 건강하고 균형 있는 관계를 만들 수 있다.

※ 모든 사람에게는 삶의 에너지의 원천, 자양분이 있다. 이는 무엇이며, 모두 어디서, 어떻게 찾고 있을까? 또한, 나는 사랑을 '내가 받아야 할 감정'으로 더 많이 생각해왔는가, '먼저 선택하고 베푸는 태도'로 여겨왔는가? 이번 주 한 사람에게 조건 없이 베풀 수 있는 작은 사랑의 표현은 무엇일지 생각하고 실천해보자.

※ 나는 가까운 사람을 익숙하다는 이유로 제대로 보지 못하고 있지는 않은가? 그 사람의 고유함과 소중함을 다시 바라보기 위해 오늘 내가 건넬 수 있는 한마디 관심과 존중의 표현은 무엇일까?

08
긍정적인 자아상으로
만드는 인간관계

조이스 브라더스는 말했다.

"강력하고 긍정적인 자아상이 인생의 성공에 필요한 최상의 준비물이라고 해도 과장이 아니다."

러시아의 대문호 톨스토이는 말했다.

"사람의 아름다움은 외모가 아니라 내면에 있다."

이는 인간의 겉모습보단 그 안에 있는 본질적인 가치를 강조하는 말이다.

긍정적인 자아상

워싱턴 국회의사당 앞에서 한 소년이 구두를 닦으며 성실하게 하루하루 살아가고 있었다.

어느 날, 텍사스 출신의 한 상원의원이 그의 손을 잡으며 격려했다. "나도 네 나이 때 구두를 닦았단다. 그러니 너도 충분히 상원의원이 될 수 있단다."

이 한마디는 소년의 가슴에 깊은 울림을 주었고, 그는 그 순간부터 자신의 미래를 새롭게 그려가기 시작했다. 수많은 도전과 고난 속에서도 꿈을 향한 열정을 잃지 않았고, 세계적인 심리학자로 성장했다.

그가 바로 웨인 오츠 박사다. 우연한 상원의원의 따뜻한 격려가 그의 긍정적인 자아상 형성에 결정적인 역할을 한 것이다.

긍정적인 자아상과 인간관계

자신감을 가지기 위해서는 지속적인 관심과 집중이 필요하다. 반복해서 자신을 돌아보고, 성찰한 바를 삶 속에서 실천해야 한다. 신약성경 마태복음 7장 12절은 "남에게 대접받고 싶은 대로 남을 대하라"고 가르친다. 이는 건강한 자아상을 통해 타인과의 관계를 원만하게 유지하는 핵심 원리다.

인간관계는 나 자신을 비추는 거울과도 같다. 열등감에 사로잡힌 사람은 타인과의 관계에서도 위축되거나 불필요한 경쟁의식에 사로잡히기 쉽다. 부정적인 자아상을 가진 사람은 자부심과 자신감을 잃고, 우울감과 무력감에 빠지며, 이는 관계에도 부정적인 영향을 미친다.

반대로 긍정적인 자아상을 지닌 사람은 인간관계에서 신뢰와 존중을 기반으로 한 건강한 소통을 이루어낸다.

맥스웰 말츠는 "95%의 사람들이 열등감을 가지고 살아간다"고 말했다. 열등감은 부정적인 자아상을 형성하고, 분노와 짜증을 유발하며, 원망과 불평을 늘어놓게 만든다. 또한, 타인을 비판하고 조종하려는 태도를 부른다. 이는 결국 공허함과 외로움만을 남긴다.

이러한 부정적인 감정의 순환에서 벗어나기 위해서는 자아상을 긍정적으로 변화시킬 필요가 있다.

긍정적인 자아상을 형성하는 네 가지 요소

1. **소속감**Belonging: 인간은 관계 속에서 존재의 의미를 찾는다. 소속감을 느낄 때 우리는 안정감을 얻고, 자신이 연결되어 있다는 확신을 가질 수 있다.

2. **자부심**Pride: 자부심은 자신의 가치를 인식하는 데서 출발한다. 자신을 얼마나 소중하게 여기는지에 따라 자부심의 정도가 결정된다. 따라서 자신을 존중하고 성장시키는 노력이 필요하다.

3. **자신감**Confidence: 자신감은 긍정적인 자아상의 핵심 요소이다. 자신을 신뢰하는 마음이 강할수록, 우리는 더 나은 결정을 내리고 적극적으로 도전할 수 있다.

4. **사명감**Purpose: 인간은 목적 지향적으로 살아가는 존재이다. 리처드 바크는 <갈매기의 꿈>에서 "인간은 태어날 때 대리석과 그것을 조각할 도구를 함께 가지고 태어난다"고 말했다. 즉, 우리는 주어진 재능과 기회를 활용하여 스스로를 완성해야 한다.

긍정적인 자아상을 가진 사람들은 자신의 삶과 일에 의미를 부여한다. 이들은 외적인 조건에 휘둘리지 않고 보람을 찾으며 살아간다. 자신의 장점과 단점을 이해하고 이를 조화롭게 받아들인다. 자족하는 마음을 가지고, 작은 것에도 감사하며, 더 나아가 타인의 장점까지 인정할 줄 아는 성숙한 태도를 가진다.

단테의 <신곡>과 긍정적 자아상

이탈리아의 시인 단테는 한때 사랑했던 베아트리체에게 사랑을 거절당하며 깊은 열등감을 경험했다. 그러나 그는 이를 자기 파괴적인 감정으로 소모하지 않고, 〈신곡〉이라는 불멸의 작품을 탄생시킬 동력으로 삼았다. 자신의 부족함을 인정하고, 이를 성장의 원동력으로 삼아 당대를 넘어 후세까지 영향을 미치는 인물이 되었다.

결국, 긍정적인 자아상을 가진 사람들은 삶을 주체적으로 살아가며, 자신의 사명을 완수하는 과정에서 깊은 만족과 행복을 경험한다.

우리가 하는 일에 의미를 부여하고, 감사하는 태도를 가질 때, 우리의 삶은 더욱 풍요로워진다.

※ 나는 스스로를 어떤 시선으로 바라보고 있는가? 혹시 나의 실수나 부족함만 확대해 해석하고 있지는 않은가. 오늘부터 나의 장점 한 가지를 의식적으로 인정하고, 그것을 삶 속에서 어떻게 더 살릴 수 있을지 생각해보자.

※ 한 사람의 따뜻한 격려가 누군가의 인생의 방향을 바꾸기도 한다. 최근 나는 누군가에게 따뜻한 말을 건넨 적이 있는가? 이번 주, 한 사람을 떠올려 그의 가능성을 믿어주는 말 한마디를 전해보자. 그 말이 그 사람과 나에게 어떤 변화를 가져오는지 지켜보자.

09

신체로 표현할 수 있는
가장 따뜻한 언어

심리학자 윌리엄 제임스는 "인간이 지닌 본성 중에 가장 강한 것은 타인에게 인정받기를 갈망하는 마음이다"라고 말했다. 러시아의 대문호 톨스토이도 저서 〈사람은 무엇으로 사는가〉에서 "결국 사람은 사랑으로 살아간다"라고 말하지 않았던가.

영화 〈죽은 시인의 사회〉의 명대사 'Carpe Diem(카르페 디엠)'은 단지 '오늘을 즐겨라'가 아니라, '지금을 사랑하라'는 메시지다. 현재의 시간은 두 번 다시 돌아오지 않는다. 그러니 오늘의 마음을, 오늘의 사람을 더 소중히 품어야 한다.

사랑으로 따뜻하게 안아주기

아프리카의 한 고아원에서 어린아이들이 원인을 알 수 없는 병으로 죽어가고 있었다. 의사들도 이유를 찾지 못했다. 아이들은 먹고 자는 데 필요한 돌봄은 받았지만, 가정의 사랑이 없었다. 의사들의 처방은 놀랍도록 단순했다.

"하루에 세 번, 아이들을 안아 주고 입맞춤하며 사랑을 표현해주세요."

포옹은 신체로 표현할 수 있는 가장 따뜻한 언어다.

얼마 지나지 않아 아이들은 건강을 되찾기 시작했다. 토머스 칼라일은 "우주에는 하나의 성전이 있는데 그것은 인간의 몸이다. 인간의 몸에 손을 댈 때 우리는 하늘을 만진다"라고 말했다. 사랑의 접촉은 단순한 행동이 아니라, 사람을 살리는 언어다.

우리에게는 하루에 12번의 포옹이 필요하다고 한다. 포옹할 때 분비되는 '사랑의 호르몬' 옥시토신은 신뢰와 안정감을 높이고, 면역력을 떨어뜨리는 스트레스 호르몬 '코르티솔'은 감소시키는 것으로 알려져 있다.

하루를 시작하는 아침, 사랑하는 가족을 꼭 껴안아주라. 같은 하루를 견딘 동료의 어깨를 가볍게 토닥여주라. 포옹이 끝난 뒤에도 그 따뜻함은 우리의 마음에 오래 남는다.

가족치료 전문가 버지니아 사티어는 이렇게 말했다.

"기본적인 생존을 원한다면 하루 네 번의 포옹이 필요하고, 행복을 유지하려면 여덟 번의 포옹이 필요하며, 진정한 성장을 원한다면 열두 번의 포옹이 필요하다."

품어주면 낫는다

만국 공통의 가장 오래된 처방 중 하나이면서, 가장 극적인 치료 효과를 내는 처방이 포옹요법(hugging therapy) 이다.

오스트리아에는 '캥거루 요법'이라는 표현이 있다. 아기와 살을 맞대고(여의치 않으면 옷을 입은 채로도) 아기를 가슴에 올려 엄마와 아빠의 심장소리를 들려주는 방식이다. 캥거루가 새끼를 주머니에 넣고 키우듯, 사람도 자신을 품어주는 따스한 체온 안에서 살아난다.

한 산모가 쌍둥이를 낳았는데, 그중 한 아이가 호흡을 멈췄다. 의사는 아이가 세상을 떠났다고 말했다. 그런데 어머니가 아이를 품에 안고 흔들며 울면서 꼭 껴안아주는 순간 놀랍게도 호흡이 되돌아왔다고 한다. 왜일까?

품은 순간, 그 안에서 친근함과 사랑이 전달되기 때문이다.

콜롬비아 보고타의 한 병원 소아과 병동에서도 미숙아를 보호하기 위한 캥거루 요법이 체온을 높이고, 옥시토신 분비를 도와 통증을 줄이며 면역력을 높이는 데 도움이 됐다고 보고된다.

그러므로 최소한 하루 한 번은 서로를 껴안으라. 신체 접촉과 포옹은 부작용이 없는 최고의 건강 처방이다. 마음을 다해, 꼭 한 번 안아주라.

안아드립니다, 포옹요법

최근 연구들에 따르면 사랑의 감정을 많이 경험한 사람일수록 면역력이 높고, 감기에도 덜 걸린다고 한다. 또한 신체 접촉은 스트레스를 완화하고 혈압과 맥박을 안정시키는 데도 도움이 된다는 결과도 있다.

미국 캘리포니아에서 정신건강 상담원으로 일하던 간호사 캐들린 키팅은 포옹요법을 개발해 고통과 근심, 절망 속의 사람들을 치유하며 주목을 받았다. 포옹요법은 환자를 사랑의 마음으로 안아주고, 등허리를 쓸어주거나 가볍게 두드려주는 방식으로 이루어진다.

포옹은 기분을 환기하고, 외로움을 덜어주며, 두려움을 이기게 해준다. 자부심을 회복시키고, 이웃을 사랑하도록 돕는다. 맞벌이 가정 아이들의 애정결핍을 완화하는 데도 도움이 된다.

마음을 다해 서로를 안아주라.

포옹을 통해 체온과 마음이 교감되면 관계는 따뜻해진다. 연인, 가족, 친구는 물론, 조금 서운했던 사람, 혹은 지금 힘겨워하는 사람에게도 따뜻한 포옹을 건네보라.

허그(Hug)의 어원은 고대 노르웨이어 'Hugga'에서 유래했다고 하며, 그 뜻은 '편안하게 하다, 위안을 주다'에 가깝다. 포옹은 곧 위안의 기술이다.

포옹 학습하기

포옹의 방법을 알아보자.

* **곰 포옹:** 엄마 곰이 새끼를 안듯, 와락 힘 있게 안아주기

* **뺨 포옹:** 뺨과 뺨을 맞대어 체온을 느끼기

* **어깨동무 포옹:** 걷거나 함께 앉아 있을 때 자연스럽게 안기

* **뒷 포옹:** 뒤에서 살며시 감싸 안기

* **샌드위치 포옹:** 두 사람이 한 사람을 가운데 두고 포옹하기 (부모와 자녀 등)

* **가족 포옹:** 온 가족이 한데 모여 함께 껴안기

포옹요법의 효능은 다음과 같다.

1. 기분 전환에 좋다.

2. 외로움을 덜어준다.

3. 두려움을 이기게 돕는다.

4. 자부심을 회복시킨다.

5. 이웃을 사랑하게 만든다.

6.   긴장을 풀어준다.

7.   불면에 도움을 준다.

8.   몸의 긴장을 완화하고 근육을 부드럽게 한다.

9.   과식·욕구불만을 완화하는 데 도움을 준다.

10. 즐거움과 안정감을 준다.

허그데이(Hug Day) 운동

감성시대(EQ)의 소통은 '말'만이 아니라 '터치'로도 이루어진다. 허그데이 운동은 회사, 가정, 모임, 세미나 등에서 리더가 허그데이를 정해 사랑과 공감을 실천하는 운동이다.

나는 아마도 허그데이 운동을 실천하는 독특한 교수일 것이다. 수업이나 만남의 시작에 '애정의 허그'를 자연스럽게 권한다. 특정한 날만이 아니라, 매일을 허그데이로 만드는 것이다. 어깨를 두드리고, 환하게 인사하며, 고마움을 전하는 일. 바로 그 작은 따뜻함이 관계를 살린다.

실제로 포옹은 마음의 병을 치유한다. 긴장을 풀어주고, 스트레스를 낮추며, 심장 건강에도 도움을 준다. 또한 유대감을 느끼게 하는 옥시토신의 분비가 증가해 관계의 문이 열리는 경험을 하게 한다.

효과적인 포옹의 방법은 이렇다.

상대의 눈을 잠시 바라보고, 5~6초 정도 충분히 깊게 안아주며 "사랑합니다", "수고했어요", "힘내요"와 같은 말을 진심으로 건네라.

포옹 실천하기

오늘부터 포옹을 실천해보자.

반가운 사람은 반드시 안아주며 인사를 나누어보라.

그때의 감동과 반응을 기록해보자.

- 반가운 친구 안아주기

- 가족 서로 안아주기

- 모임/만남의 자리에서 따뜻하게 안아주기

- 서운했던 사람에게 화해의 포옹 건네기

- 힘든 이웃에게 위로의 포옹 전하기

사랑은 받는 것이 아니라 주는 것이다.

그래서 사랑은 반드시 표현되어야 한다.

"사랑한다"라는 말은 아무리 많이 해도 지나치지 않다.

따뜻한 포옹은 때로 수천 마디 말보다 더 많은 것을 전한다. 법정스님은 아름다운 세상을 "사람들이 서로 도우며, 상처 주지 않고 살아가는 인정 넘치는 세상"이라 말했다.

그렇다. 현미경으로 들여다볼 것은 '나'이고, 세상은 망원경으로 보면 더 아름답다.

※ 세상과 사람은 무엇으로 보아야 하는가? 직장에서 직원은 무엇으로 보아야 하는가? '현미경'이 아니라 '망원경'으로, 더 크게, 더 따뜻하게 바라보자. 생각을 바꿔보자.

※ 나는 사랑과 고마움을 마음속에만 두고 표현을 미루고 있지는 않은가? 오늘 한 사람을 떠올려 따뜻한 말 한마디, 진심 어린 포옹이나 손길로 마음을 전해보자. 그 표현이 상대와 나의 관계에 어떤 변화를 가져오는지 느껴보자.

10

얼마나 많은
사랑의 언어를 사용하는가

말에는 재갈이 있고, 배에는 키가 있다.

자동차에는 핸들이 있고, 비행기에는 조종간이 있다.

이들의 공통점은 무엇일까?

방향을 잡아준다는 것이다.

그렇다면 인생의 핸들은 무엇일까?

바로 언어다.

그래서 인생은, 말하는 대로 흘러간다.

당신은 사랑의 언어를 유창하게 구사하고 있는가?

사랑의 언어 배우기

사랑의 언어를 배우는 일은 쉽지 않다. 그러나 어렵기 때문에, 시행착오를 겪으며 배우는 과정이 가장 확실한 훈련이 된다. 중요한 것은 '무슨 말을 하느냐'가 아니라, 어떤 언어로 말하느냐다. 사랑의 말은 마치 외국어처럼 배워야 한다. 내 제1의 사랑의 언어를 알고, 상대의 사랑의 언어를 존중하며 표현하려면 꾸준한 관심과 연습이 필요하다.

나는 지금, 내가 쓰는 말이 사람의 마음에 닿고 있는지 자주 묻는다.
반응을 일으키는가? 사람을 끌어당기는가?
무엇보다 말은 날카롭기보다 편안함을 주어야 한다.
말에 끌릴 때 관계는 깊어진다.

유명 해외 프로팀에 입단한 운동선수들이 첫 번째로 부딪히는 장벽은 기술이 아니라 언어의 장벽이라고 한다. 언어를 넘지 못하면 잠재력을 펼치기 어렵기 때문이다. 사랑도 마찬가지다. 상대가 쓰는 사랑의 언어로 말하지 않으면, 정작 사랑을 주고도 사랑이 전달되지 않는 일이 생긴다.

히브리어에서 '배우다'의 강조형은 문법적으로는 '많이 배우다'이지만, 실제로는 '가르치다'라는 뜻이 된다.

즉, 히브리어에서는 배움과 가르침이 같은 뿌리를 가진다. 배우려는 마음을 잃으면 가르칠 수 없고, 가르치는 사람은 늘 배우는 자세로 가르쳐야 한다는 뜻이기도 하다.

나는 〈바이블 문화코드〉에서 인상 깊은 이야기를 읽었다.

히브리대학교 강의실에서 학생이 교수에게 매우 예리한 질문을 던졌다. 교수는 백전노장의 성서학 권위자였지만 즉답을 하지 못했다. 그는 잠시 당황한 얼굴로, 그러나 정중히 말했다.

"나는 잘 모르겠다. 대신 다음 주까지 연구해서 너에게 답을 하겠다."

사랑의 언어도 이와 같다.

모른다면 배우면 된다. 서툴다면 연습하면 된다.

진심은 언제나 배움의 자세에서 깊어진다.

5가지 사랑의 언어

〈5가지 사랑의 언어〉의 저자이자 교육심리학자 게리 채프먼은 사람들이 서로 다른 '사랑의 언어'를 사용한다고 말한다. 그 언어는 크게 다섯 가지로 정리된다.

1. 인정하는 말
2. 함께하는 시간
3. 봉사
4. 선물
5. 육체적 접촉(스킨십)

당신의 제1의 사랑의 언어는 무엇인가?

(*책의 마지막 설문지에서 '사랑의 언어 테스트'를 직접 해볼 수 있다.)

사랑 탱크

당신은 얼마나 자주, 사람을 살리는 말을 하고 있는가?

건물마다 물탱크를 두어 물을 채워두듯, 사람마다 마음속에 모두 '사랑 탱크'라는 저장소가 있다. 이 탱크는 사랑과 관심, 인정과 스킨십, 배려와 선물로 채워져야 한다.

만약 이 탱크가 바닥나면, 관계는 예고 없이 흔들릴 수 있다. 지금 상대의 사랑 탱크가 텅 비어있다면, 서둘러 채워야 한다. 그런데 사랑 탱크를 채우는 가장 좋은 방법은 바로 상대의 사랑의 언어로 채우는 것이다.

골프를 처음 배우면 그립도 서툴고 스윙도 어색하다. 그러나 반복 연습이 안정된 실력을 만든다. 사랑의 언어도 같다. 처음엔 어렵다. 하지만 능숙해질 때까지, 의지를 갖고 계속 연습해보라. 사랑의 언어를 유창하게 쓰게 되면, 사람의 삶이 달라진다.

혀의 권세

솔로몬은 잠언에서 이렇게 말한다.

"죽고 사는 것이 혀의 권세에 달렸나니

혀를 쓰기 좋아하는 자는 그 열매를 먹으리라."

속담으로 말하면 "말이 씨가 된다"는 뜻이다.

우리 모두 칭찬의 말이 얼마나 큰 힘이 되는지 경험해보았을 것이다. 그렇다. 누가, 언제, 어떤 말을, 어떻게 하느냐에 따라 관계의, 삶의 성패는 달라진다.

미국의 소설가 마크 트웨인은 "나는 한 번의 칭찬으로 두 달을 살 수 있다"고 말했다. 이렇듯 진심 어린 칭찬과 격려는 사람의 사랑 탱크를 채우는 가장 강력한 언어다.

다만 제1의 사랑의 언어는 '아부'를 넘어선다. 아부와 사랑의 언어의 차이는 깊이다. 사랑의 언어는 입으로만 전해지지 않는다. 눈과 귀, 상상력, 그리고 무엇보다도 세심한 관찰을 필요로 한다.

인정하는 말 유창하게 하기

아래에 '관찰 → 칭찬 문장' 순으로 적어보자.

핵심은 공감, 그리고 상대의 관점이다.

그리고 여기에 필요한 것은 단 하나, 용기다.

적고, 칭찬을 건네보자.

· 관찰한 점: _______________________________

· 칭찬 문장: _______________________________

· 관찰한 점: _______________________________

· 칭찬 문장: _______________________________

· 관찰한 점: _______________________________

· 칭찬 문장: _______________________________

칭찬을 건넸다면 이제 추가로 이 칭찬과 격려의 말을, 상대가 없는 자리에서 다른 사람에게도 전해보라.

좋은 말은 돌고 돌아 관계의 온도를 높인다.

말의 정확도 훈련하기

사랑의 언어는 친절을 낳는다. 사랑은 과거의 잘못을 들춰내지 않는다. 사랑은 선택이지 억지로 시킬 수 있는 것이 아니다. 그래서 부탁의 말은 사랑을 전하는 부드러운 통로가 된다.

그렇다면 말에도 정확도가 있다는 것을 아는가?

'과녁의 중심'이란 표현을 들어봤는가? 이는 상대의 마음에 가장 정확하게 가닿는 표현을 뜻한다. 같은 칭찬이라도 두루뭉술한 말보다 구체적이고 진심이 담긴 말이 더 마음 깊숙이 전달된다.

그렇다면 아래 문장 중 어떤 말이 더 사람의 마음에 정확히 닿을까?

"오늘 예쁘다."

"우와, 오늘 옷 정말 근사하고 색도 잘 어울린다!"

"오늘 다 근사하네."

"예쁘다"는 나쁘지는 않지만 막연한 표현이다.

반면 "오늘 옷 정말 근사하고 색도 잘 어울린다!"는 구체적인 관찰이 담긴 표현이라 더 따뜻하게 느껴진다.

"오늘 다 근사하네"는 오히려 진심이 약하게 들릴 수 있다.

그래서 사랑의 언어로는 이렇게 말한다.

"옷을 이렇게 입으니 훨씬 젊어 보이고 분위기도 산뜻하고 밝아 보이네!"

이처럼 구체적으로 말할수록, 사랑은 더 또렷하게 전달된다.

또한, 칭찬은 외모에만 머물지 말자.

재능, 강점, 노력, 성실함, 배려, 태도, 작은 성장까지도 발견해 말해주라.

그리고 감사를 자주 표현하라.

감사는 사랑을 가장 빠르고 분명하게 전하는 문장이다.

※ 잘 말하고자 하는 내 마음속 깊은 곳에 있는 동기를 돌아보자. 무엇을 위해 잘 말하고 싶은가? 나를 드러내기 위함인가? 아니면 상대를 깊이 이해하고 공감하기 위함인가?

※ 나는 요즘 가장 가까운 사람의 '사랑 탱크'를 채워주고 있는가? 무심한 말로 비워가고 있지는 않은가? 오늘 하루, 그 사람의 마음에 힘이 될 말을 한 문장이라도 의식적으로 건네보자. 그리고 그 말이 관계의 분위기를 어떻게 바꾸는지 느껴보자.

5가지 사랑의 언어

•

미국의 상담가 게리 채프먼이 제안한 '5가지 사랑의 언어'는 사람들이 사랑을 주고받는 방식을 설명한 개념이다.

배우자나 자녀와 더 잘 지내고 싶은데, 막상 어떤 말을 해야 할지 몰라 답답했던 적이 있지 않은가? 관계에서 우리가 가장 자주 놓치는 것은 바로 '소통의 방식'이다.

소통은 단순히 말을 주고받는 것이 아니다. 내 생각이 전해지고, 상대의 감정이 이해되며, 마음과 마음이 이어지는 진짜 교류를 말한다.

수십 년 동안 부부와 가족을 상담해온 게리 채프먼 박사는 한 가지 중요한 사실을 발견했다. 사람마다 사랑을 느끼는 방식도, 사랑을 표현하는 방식도 서로 다르다는 것이다. 즉, 사랑에도 '언어'가 있다는 뜻이다.

우리는 분명 서로를 사랑하고 있다.

하지만 그 사랑이 상대의 마음 언어로 전달되지 않으면 상대는 사랑받고 있다고 느끼지 못한다.

그 결과 오해가 쌓이고, 서운함이 커지며, 관계가 점점 멀어지기도 한다.

왜 이런 일이 반복될까?

이유는 단순하다.

사랑이 없는 것이 아니라, 사용하는 언어가 서로 달라서다.

이 문제를 풀기 위해 채프먼 박사는 수많은 상담 사례를 연구했고, 사람들이 공통적으로 사용하는 다섯 가지 사랑 표현 방식을 정리했다. 그것이 바로 '5가지 사랑의 언어'다.

중요한 점은, 상대방이 가장 잘 느끼는 **주된 사랑의 언어**를 이해하고, 그 방식으로 사랑을 표현하는 것이다. 그러나 동시에 다른 사랑의 언어들도 함께 사용해야 관계는 더욱 건강해진다.

다섯 가지 사랑의 언어를 상황과 타이밍에 맞게 표현할 때 우리는 서로를 더 깊이 이해하고, 더 따뜻하게 연결되며, 더 단단한 관계를 만들어갈 수 있다.

다음 문항을 읽고 '5가지 사랑의 언어 테스트'를 진행해보자.
총 30문항으로, 각 문항에서 자신과 더 가까운 문장을 선택하면 된다. 선택 후 A~E가 각 몇 개인지 세어서 적는다.

[5가지 사랑의 언어 테스트]

1.

나는 인정하는 말을 듣는 것을 좋아한다. (A)

나는 안아주는 것을 좋아한다. (E)

2.

나는 단둘이 보내는 시간을 좋아한다. (B)

나는 실질적인 도움을 받을 때 사랑을 느낀다. (D)

3.

나는 선물 받는 것을 좋아한다. (C)

나는 함께 산책하는 시간을 좋아한다. (B)

4.

나는 도움을 받을 때 사랑을 느낀다. (D)

나는 가벼운 신체 접촉을 받을 때 사랑을 느낀다. (E)

5.

나는 깜짝 안아줄 때 사랑을 느낀다. (E)

나는 선물을 받을 때 사랑을 느낀다. (C)

6.

나는 함께 외출하는 것을 좋아한다. (B)

나는 손잡는 것을 좋아한다. (E)

7.

나는 인정받을 때 사랑을 느낀다. (A)

나에게는 눈에 보이는 사랑(선물)이 의미가 있다. (C)

8.

나는 함께 붙어 앉는 것을 좋아한다. (E)

나는 "매력적이다"라는 말을 듣는 것을 좋아한다. (A)

9.

나는 함께 시간을 보내는 것을 좋아한다. (B)

나는 작은 선물을 받는 것을 좋아한다. (C)

10.

나는 도움을 받을 때 사랑을 느낀다. (D)

나를 이해해주는 말이 중요하다. (A)

11.

나는 함께 무언가 하는 것을 좋아한다. (B)

나는 친절한 말을 듣는 것을 좋아한다. (A)

12.

나는 포옹할 때 완전함을 느낀다. (E)

나는 말보다 행동에서 더 감동한다. (D)

13.

나는 칭찬을 좋아하고 비판을 피하는 편이다. (A)

나는 큰 선물보다 작지만 자주 받는 것을 더 좋아한다. (C)

14.

나는 신체 접촉이 잦을수록 친근함을 느낀다. (E)

나는 함께 이야기하거나 함께할 때 친밀함을 느낀다. (B)

15.

나는 내가 해낸 일에 대해 칭찬받는 것을 좋아한다. (A)

나는 상대가 하기 싫은 일도 나를 위해 해줄 때 사랑을 느낀다. (D)

16.

나는 걸을 때 손잡아(어깨를 감싸)주는 것을 좋아한다. (E)

나는 내 이야기에 공감하며 들어주는 것을 좋아한다. (B)

17.

나는 선물 받는 것을 정말 즐거워한다. (C)

나는 집안일을 도와줄 때 사랑을 느낀다. (D)

18.

나는 외모 칭찬을 듣는 것을 좋아한다. (A)

나는 내 기분을 이해하려 시간을 내줄 때 사랑을 느낀다. (B)

19.

나는 어루만져줄 때 평안함을 느낀다. (E)

나는 나를 돕는 상대의 수고에서 사랑을 느낀다. (D)

20.

나는 나를 위해 수고하는 상대에게 고마움을 느낀다. (D)

나는 상대가 준비한 선물을 받는 것을 좋아한다. (C)

21.

나는 상대가 나에게 집중할 때 그 느낌이 좋다. (B)

나는 상대가 실제로 행해줄 때 그 느낌이 좋다. (D)

22.

나는 선물과 함께 생일 축하를 받을 때 사랑을 느낀다. (C)

나는 의미 있는 말(카드/직접)과 함께 축하받을 때 사랑을 느낀다. (A)

23.

나는 집안일을 도와줄 때 사랑을 느낀다. (D)

나는 선물을 줄 때 나를 생각해주는 것이라 느낀다. (C)

24.

나는 선물과 함께 특별한 날을 기억해줄 때 고맙다. (C)

나는 끝까지 인내하며 들어줄 때 고맙다. (B)

25.

나는 장기간 여행을 즐긴다(원한다). (B)

나는 내가 하는 일상에 충분히 관심을 기울여주길 바란다. (D)

26.

기대하지 않은 입맞춤이 나를 설레게 한다. (E)

특별하지 않은 때라도 받는 선물은 나를 설레게 한다. (C)

27.

나는 "고맙다"는 말을 듣는 것을 좋아한다. (A)

나는 상대가 말하는 동안 나를 바라보는 것을 좋아한다. (B)

28.

상대의 선물은 언제나 특별한 의미가 있다. (C)

나는 가벼운 신체 접촉을 좋아한다. (E)

29.

나는 상대가 고마움을 말로 표현할 때 사랑을 느낀다. (A)

나는 부탁한 일에 최선을 다해줄 때 사랑을 느낀다. (D)

30.

나는 매일 가벼운 신체 접촉을 원한다. (E)

나는 매일 지지하는 말을 필요로 한다. (A)

[결과 정리]

자신이 체크한 알파벳이 각 몇 개인지 세어보라. 가장 많은 것이 주언어(제1의 사랑의 언어), 그다음이 부언어(제2의 사랑의 언어)다.

A : 인정하는 말 - (   ) 개

B : 함께하는 시간 - (   ) 개

C : 선물 - (   ) 개

D : 봉사 - (   ) 개

E : 스킨십 - (   ) 개

가장 많이 나온 것이 나의 '사랑의 언어'다.

– 나의 제1의 사랑의 언어는 [   ]이다.
– 나의 제2의 사랑의 언어는 [   ]이다.

[사랑의 언어 비교표]

이제 각 사랑의 언어를 비교해보자.

나는 어떤 언어가 강하고, 어떤 언어가 부족한가?

부족한 사랑의 언어를 어떻게 채울지도 함께 생각해 나누어보자. 각 항목을 아래 칸에 적은 뒤, 개수로 높이를 설정하고, 선으로 이어 그래프를 만들어보자.

◆ 그래프 그리기

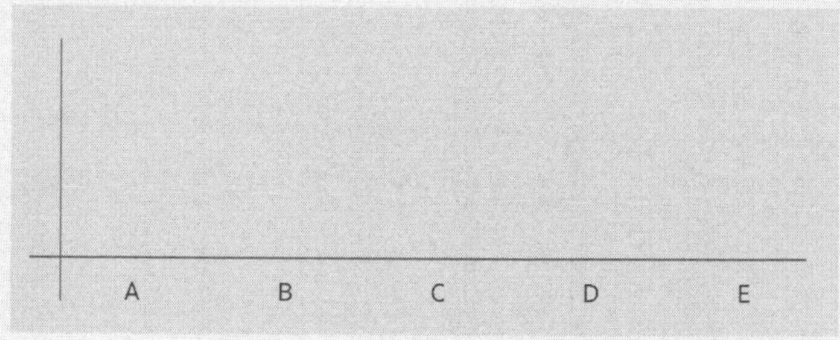

[검사 결과 해석 및 사용]

A. 인정하는 말 : 상대에 대한 칭찬과 격려

다른 사람을 인정하는 말로 사랑을 표현하는 방법입니다. 상대방의 성격이나 외모, 또는 그가 당신이나 다른 사람을 위해 한 일에 초점을 맞춘 말을 하도록 하십시오. 이 언어는 감사하거나 존중할 만한 면을 상대에게서 찾고 그것을 말로 표현하는 것입니다.

B. 함께 하는 시간 : 진정한 대화, 취미활동

이는 상대방에게 집중하는 시간을 가리킵니다. TV를 끄고, 탁자에 놓인 잡지도 치우고, 서로를 바라보며 대화하는 것입니다. 대화나 취미를 나누며 깊이 함께하는 시간이 가장 사랑받는다고 느끼는 사람들이 있습니다.

C. 선물 : 가장 배우기 쉬운 사랑의 언어

어떤 사람은 선물을 받을 때 자신이 사랑받고 있음을 가장 많이 느낍니다. 선물을 받으면 '나를 무척 생각하고 있구나'라고 생각합니다. 최상의 선물은 상대방이 고마워 여길

만한 것입니다. 선물이 꼭 비싸야 하는 것은 절대 아닙니다. 장미 한 송이, 엽서, 한 권의 책 등으로도 사랑을 깊이 전할 수 있습니다.

D. 봉사 : 원하는 것을 몸으로 봉사해주기

이런 사람에게는 말보다 행동이 더 중요합니다. 만약 당신이 그들에게 "당신은 대단해요", "고마워요", "사랑해요"라고 인정하는 말을 하면 그들은 '당신이 나를 사랑한다면 집안일 좀 도와주면 어떻겠어요?'라고 생각할 것입니다. 즉, 만약 '봉사'가 그들의 주된 사랑의 언어라면 그들을 사랑하는 방법은 그들이 해주기를 바라는 일을 찾아내고, 그 일을 꾸준히 하는 것입니다.

E. 스킨십 : 육체적 접촉을 통한 교감

스킨십의 정서적인 힘에 대해서는 대부분 잘 알 것입니다. 연구에 의하면 오랫동안 스킨십을 안 받은 아기들보다 껴안거나 어루만지는 손길을 많이 받은 아기들이 정서적으로 더 안정적입니다. 스킨십이 주된 사랑의 언어인 사람들에게는 적절한 접촉이 가장 깊이 있는 사랑 표현 방법입니다.

사랑 방정식

2026년 3월 4일 초판 1쇄 발행

지 은 이   정병태
이 메 일   jbt6921@hanmail.net
디 자 인   유민정
펴 낸 곳   한덤북스

신고번호   제2009-6호
등록주소   서울시 금천구 시흥대로 97 시흥유통센터 32동 302호
팩   스   (02) 862-2102

I S B N   979-11-85156-71-2 (13320)
정   가   13,800원